Impressum

Copyright 2016 by
AnamCaraHaus von Asenhain
Alle Rechte sind vorbehalten

Lektorat: Angelika Baiguera
Motive: Freyja Gräfin von Asenhain
Texte: geistiges Eigentum Freyja Gräfin von Asenhain
Bildmaterial: Eigentum des AnamCaraHaus von Asenhain Verlag Schorndorf
Herstellung: AnamCaraHaus von Asenhain Verlag Schorndorf
Umschlaggestaltung, Bildgestaltung, Satz und Layout: Hartmann Heldt

ISBN: 978-3-946414-17-9 Hardcover
ISBN: 978-3-946414-18-6 Paperback
ISBN: 978-3-946414-19-3 eBook

Ausgabe Dezember 2016

www.anamcara.haus
Uhlandstraße 90
D-73614 Schorndorf
Tel.: +49 7181 65800
Mobil: +49 173 3207415
FAX: +49 7181 410578

Meine Gedichte

Freyja Gräfin von Asenhain

Vierter Band

Inhaltsverzeichnis

Impressum 1
Meine Gedichte 3
Inhaltsverzeichnis 4
V I T A 6
    Ein wunderbarer Tag 7
    Innerster Schatz 9
    Mitgefühl 13
    Immer währendes Prinzip 16
    Ohne Mühe 19
    Alt werden 22
    Erleuchtung 26
    Innere Einkehr 31
    Kollision 34
    Opfergabe 38
    Zu spät 42
    Begegnung 50
    Der Weg zur Mitte 53
    Der Weg der Harmonie 58
    Wunschkind 62
    Wahre Liebe 64
    Du bist stumm 68

Neubeginn	70
Gnade	73
Glückskind	76
Wunder in dir	81
50 Jahre	86
Selbstlos	89
Hauch der Vergangenheit	92
Mikrokosmos -Makrokosmos	96
Der Bogenschütze	99
Naturgewalten	101
Realität	104
Schicksal	109
Schlafstörungen	114
Erinnerung	116
Lebenskampf	120

VITA

Freyja Gräfin von Asenhain

ist seit 1979 in eigener Naturheilpraxis in Schorndorf selbständig tätig.

Sie hat ihr Leben der Kunst gewidmet – ihr Leben ist die Kunst:

Heilkunst, Literatur, Malerei, Formen und Gestalten, Beschäftigung mit grenzwissenschaftlichen, magischen, mystischen und esoterischen Themen.

Allem voran jedoch die Lebenskunst.

Aus diesem Fundus schöpfte sie die Inhalte ihrer Gedichte, die sie in mehreren Bänden gestaltet und zusammenfasst.

Diese Arbeit machte ihr eine besondere Freude.

Sie wünscht sich, den geschätzten Lesern Anstoß zu geben, dass auch sie ihr Leben für sich positiv verändern können.

Ein wunderbarer Tag

Heute ist dein Ehrentag,
ein Tag, an dem du alle magst.
Negatives bringt nichts ins Wanken.
Kannst unendliche Energien tanken.

Und wieder ist vergangen,
ein Jahr voll Sorgen und auch Not,
vielen unangenehmen Dingen,
wie oft warst du bedroht.

Jetzt hast du einen wunderbaren Tag,
der vor dir liegt, wie du ihn magst.
Zu danken ist es an der Zeit
für das Jetzt und der Unendlichkeit.

Rückblickend hältst du deine Schau,
es war nicht immer grüne Au.
Die Kinder waren klein, jetzt sind sie groß,
doch die Sorgen lassen dich noch nicht los.

Jetzt beschäftigen dich deine Enkelkinder.
Du fühlst dich durch ihr kindsein

manches Mal behindert.
Du bist sicher und es ist dir klar,
nicht jedes von ihnen wird ein Star.

Dein Tag ist vergangen mit Freude und Glück.
Dein Gesicht leuchtet noch ganz verzückt.
Du dankest allen, die dir gut gesonnen,
Dieser Tag war sehr schoen, ·
leider schon verronnen.

Ich wünsche Dir von ganzem Herzen
noch viele solche schoene Tage,
voll Sonnenschein und Glück
und ganz ohne jede Plage.

Innerster Schatz

Was hat das Schicksal Dir nur angetan?
Verzweifelt kamst du bei mir an.
Fragst, was du hast falsch gemacht,
dass du hast so Vieles durchgemacht.
Du bist am Ende deiner Kraft.

Warst immer für die andern da.
Dachtest nie zuerst an dich.
Du sagtest niemals auch mal „nein".
Es sollte auch nicht dein Kummer,
noch viel weniger deine Sorge sein.

Du hast es dir so ausgesucht.
Jetzt bist du an den Punkt gelangt
etwas für dich zu tun.
Um nicht zu werden schwach und krank
kannst du dich nicht ausruhen.

Die Nase juckt und läuft, der Rachen brennt,
hustest dir fast die Lungen raus.
Dein ganzer Zustand ist ein Graus.
Willst jetzt den Kummer und das Leid
anderer nicht mehr mit tragen.

Du hast die Nase gestrichen voll,
willst diesen Zustand nicht mehr haben.
Los zu lassen fällt dir schwer.
Setz dich endlich mal zur Wehr.
Dann läuft die Nase auch nicht mehr.

Auch der Husten stellt sich ein.
Du stellst dann fest, du bist allein.
Sieh dir dein Leben, deine Pflichten an.
Du bist für dich allein geboren.
Nicht mit fremden Kummer und Sorgen.

Du kannst für dich nur ganz allein
dein eigenes Leben leben.
Lass keine anderen zu dicht heran.
Halte immer einen Abstand ein
um glücklich und auch frei zu sein.

So bleibt dein Innerstes wohl geschützt,
behütet wie ein Schatz.
Nach außen unscheinbar und still
der Gesellschaft auch voll angepasst.
Statt einem „Muss" steht jetzt ein „Will".

Mitgefühl

Niemals hätte ich von dir gedacht,
dass du dir so viele Sorgen machst.
Ich dachte stets, du lebst für dich,
kümmerst dich nicht um mich.
Doch eines Tages war mir klar,
dass du nicht bist, wie ich dich sah.
Das Leben anderer geht dir nah.

Hast immer wieder schon versucht
mit deinen eigenen Gedanken
Probleme, die nicht deine waren,
zu lösen und zu lenken,
damit für dich die Welt aufhört,
sich sinnlos zu verschenken.
Friedvoll und sicher soll sie sein,
damit du dich nicht fühlst allein.

Den Kampf, den du gefochten fein
hinterließ Spuren tief in dich hinein,
eingrabend sich in Mark und Pein.
Ohnmächtig musst du dir zugestehen:
Du kannst nur zuschauen und

auch sehen,
doch niemals nichts erkämpfen.
Musst deine eigene Not jetzt sehen.
Fühlst deine Lebensgeister gehen.

Weißt jetzt, dass du ein Leben lang,
deine Kraft hast nur vergeudet,
weil du nicht akzeptieren kannst,
dass andere ihr Leben wollen.
Sie wollen Leid und auch die Not.
Du konntest nichts verhindern.
Jetzt ist dir ein Leid geschehen.
Musst dich plagen Tag für Tag,
dass du nicht mehr leben magst.

Rückbesinnend stellst du fest:
Dass du lang nicht mehr so heftig
an den Sorgen deiner Lieben
dich gedanklich hast befestigt.

Festgestellt hast du nach langer Zeit,
dass du mit ihnen nur die Tiefen teilst.
Hast nicht die guten Zeiten auch erlebt.
Jetzt ist es einfach viel zu spät.

Hier und dort plagt dich noch Schmerz.
Bist alt, grau und auch krank
geworden.
Heute lachen dir ins Herz
deine gestrigen, vergangenen Sorgen.

Für andere, so stellst du fest,
ist vom Kummer und auch Not
nur noch ein kleiner Rest verblieben.
Lass alles los, bleib in deinem Boot.
Loslassen kannst du ganz getrost.
Dann geht's dir gut und auch famos.

Immer währendes Prinzip

Unruhig war die letzte Zeit,
sie schien wie eine Ewigkeit.
Das ist vorbei.
Doch wieder bist du da.
Bist wieder eingekehrt,
ersehnte Ruhe, heilige Stille.

Die Dämmerung bricht an.
Vollmond erhellt sie
wolkenumhuellt.
Der Himmel ist millionenfach
mit Sternen übersaet,
nichts verändernd am Prinzip,
strahlen sie ruhig,
stetig und still,
von Ewigkeit zu Ewigkeit hin.

Bewusst ist wieder
unendlicher Friede.

Frei wie ein Vogel in den
Lueften bin ich.
Fuehle mich leicht und
beschwingt wie eine weisse
Wolke im Wind.
Fuehle mich hoch empor
getragen
zu dem Lichtermeere hin.
Fuehle mich eins mit liebender
Unendlichkeit.

Ohne Mühe

Gereist bin ich in die Vergangenheit,
die mir jetzt gegenwärtig wurde.
Die Zeit spielt keine Rolle mehr.
Es ist gefühlte Unendlichkeit.

Zuerst waren es nur Jahrzehnte.
Machte hier und dort Station.
Schaute mich um und staunte:
Was es heute gibt, gab's damals schon.

Die Leben wiederholten sich.
Nur das Gewand war anders.
Man lebte es so, so stand einem der Sinn.
Ein Leben war gleich wie das andere.

Doch halt, hier machte ich mal Rast.
Etwas war hier geschehen.
Hier wurde es grundsätzlich falsch gemacht.
So stimmte es nicht in diesem Leben.

Es war zu überlegen wie es richtig wäre,
wie das Leben hätte gelebt werden sollen.
Jetzt gab es erneut eine Chance,
zu verändern für spätere Zeiten.

Nach der Rückkehr merkte ich,
wie sich mein Sein verändert hat.
Wie Vieles ich jetzt ohne Müh'
loslassen kann und glücklich bin.

Alt werden

Wie alt bist du?
Oft werde ich danach gefragt.
So alt wie die Menschheit,
so alt, so jung, habe ich gesagt.

Du bist so alt
wie du dich fühlst.
Du bist so jung
wie du dich gibst.

Was machst du noch in deinem Alter?
Wie tust du es denn bloß?
Eins nach dem andern
und schon geht es los.

Rückblickend staune ich und freue mich,
was ich gelernt in der Vergangenheit.
Vorwärts schauend freue ich mich
auf noch zu lernende,
zu erfahrende Zeit.

Will immer weiter vorwärts gehen,
nicht zurück und auch nicht stehen.
Will, ach so vieles noch,
in meinem zukünftigen Leben tun.

Bin frei von der Vergangenheit.
Habe mein Leben intensiv gelebt.
Nichts holt mich gegenwärtig ein,
denn ich bin hier und auch bereit.

Auf meine Zukunft freue ich mich,
in der Gegenwart, da lebe ich.
Helfe und liebe, meditiere und siege.
Habe kein Leid und Kummer mehr.

Habe mein Leben in der Hand.
Bin glücklich und frei.

Erleuchtung

Ich habe aufgehört nach Schuld zu suchen,
denn ich fand sie in mir.
Nur ich allein habe es falsch gemacht.
Die anderen waren es, so hatte ich
gedacht.
Dann wusste ich mit einem Mal,
und die Gewissheit war jetzt da:
Nur ich alleine muss mich ändern,
dann verändert sich die Welt.

Mir war auf einmal auch ganz klar,
ich konnte Niemanden verändern.
Auch wollte ich es nicht,
da ich nicht handeln wollte,
wie andere von mir gedacht.
Mühselig nun,
so lernte und befreite ich mich
von Erwartungen und falschen Bildern.
Es ging mal leicht, mal schwer.
Sie plagen mich nicht mehr.

Und wieder war ein Stück geschafft,
mich von den Lasten zu befreien.
Geh' frei jetzt auf die andern zu
und kann sie zu mir kommen lassen.
Und stelle oftmals dankbar fest
dass Vieles gut ist, auch in Jedem.
Früher konnte ich's nicht sehen.

Dann kamen noch die Sorgen.
Es waren nicht die meinen.
War stets besorgt um Kind und Mann,
dass dieser Weg, den sie jetzt gehen,
der richtige für sie ist und
dass ich sie damit glücklich mache,
wenn ich hinter ihnen stehe.

Jetzt sorge ich mich nicht mehr.
Es kommt und geht,
so wie der Weltenlauf.
Gar nichts regt mich noch auf.
Das Kind sorgt nun für sich allein.
Der Mann tut war er will.
Ob richtig oder falsch,

ist nicht mehr mein.
Ich sorge mich nur für mich allein.

Habe alles losgelassen,
erwarte, hoffe nichts.
Hab keine Sorgen, die mich plagen,
kann meine Energien sparen,
verbrauchen ganz für mich allein.
Fühle mich frei von allen Lasten.
Lerne und verändere mich.
Bin tolerant und rücksichtsvoll geworden
und auf die Zukunft freu' ich mich.

Begleiten kann ich nun die andern.
Kann jedem zeigen seinen Weg.
Kann ratend weiter wandern,
doch nicht ihr Leben teilen.
Kann kurze Zeit mit ihnen
nur verweilen.
Sie müssen lernen so wie ich,
ihre Lasten loszulassen.
Die Welt richtig zu sehen,
sich selbst beginnend zu verändern.

Voller Glück und Harmonie,
so strahle ich auf all die andern.
Nach und nach,
ganz langsam und ganz sachte,
verändere ich meine Welt,
indem ich glücklich lebe.
Ich bin gesund,
voll Energie und Tatendrang.
Habe das Leben neu entdeckt.
Bin sorgenfrei geworden
und freue mich auf jeden Morgen.

Innere Einkehr

Ruhe ist, Stille ringsherum,
Grillen zirpen leise,
gleiten mit mir in die Nacht.
Weich streicht der kühle Wind
über die Haut.
Tannen ragen dunkel in den Himmel.
Kerzenlicht flackert im Wind.
Still ist es und ruhig.

Meine Gedanken sind es auch.
Sie kehren ein, tief in mein Innerstes.
Genieße heilige Stille und Ruhe
begleitet von strahlend hellem Licht.
Bin erfüllt von tiefen, ewigen Frieden.
Fühle in mir schöpferische Energien.
Still ist es und ruhig.

Tief eingetaucht ruh ich in mir,
ganz fest in meiner Mitte.

Glasklar sind meine Sinne
um aufzunehmen die Unendlichkeit
mit all ihrem Schein und Sein.
Friedlich strömende Harmonie.
Still ist es und ruhig.

Reise heiter und gelöst durch
universelle Unendlichkeiten.
Ströme wie ein Fluss ins Meer.
Tauche ein in die Gezeiten.
Erhebe mich mit Engelsflügeln
über alle Erdenhügel.
Still ist es und ruhig.

Tauche auf aus meinem Innern
und bin losgelöst und heiter.
Bin unendlich weit gereist.
Fühle mich frisch, erholt, bin weiter.
Habe getankt viel Energie.
Bin in mir ruhend wie noch nie.
Still ist es und ruhig.

Kollision

Was Schlimmes ist dir heute passiert.
Noch bist du ganz benommen.
Ein Unfall hatte es gegeben.
Gottlob — du hast es überlebt.
Fühlst dich noch ganz daneben.

Es ging so schnell.
Du hattest keine Zeit zu denken,
wie du ihn verhindern konntest -
den Zusammenstoß, die Konfrontation.
Dann ist sie passiert, die Kollision.

Viele Menschen standen dabei
und sie vermuteten allerlei.
Jeder sah anders den Zusammenstoß.
Jeder war mit anderen Gedanken dabei.
Die Menschmasse lässt dich nicht los.

Nichts Schlimmeres ist dir passiert,
nur ein paar kleine Schrammen.
Die Zeit verging und heilte alle Wunden.
Seit diesem Unfall fühlst du dich
tief innerlich mit dir und universell verbunden.

Jetzt bist du dankbar, dass er war,
da dein Bewusstsein sich verändert.
Seit dem lebst du dein Leben
ganz bewusst und auch ganz nah.
Die Einigkeit macht dich ganz stark.

OPFERGABE

SCHLIMM IST ES,
WAS ICH DIR HABE ANGETAN,
NICHT MIT WORTEN, NICHT MIT TATEN,
SONDERN NUR MIT DEN GEDANKEN.
ICH HABE DICH BESCHULDIGT
MIR ETWAS ENTWENDET ZU HABEN.

NICHTS KONNTE ICH BEWEISEN,
ES WAR NUR EIN VERDACHT.
NICHTS HATTE ICH GESEHEN,
WARST NUR IN MEINER NÄHE
UND SCHAUTEST ALLES AN.
WIE KLEINE KINDER EBEN SIND –
NEUGIERIG.

NACHDEM DU FORTGEGANGEN WARST
IST MIR DANN AUFGEFALLEN
DASS ETWAS KLEINES FEHLTE,

NICHT VIEL – UND KLEIN.
WARST DU ES DOCH?

VORSICHTIG FRAGTE ICH BEI
DEINER MUTTER NACH
OB SIE ES HAT BEI DIR GEFUNDEN.
SIE NAHM DICH FEST IN SCHUTZ.
DOCH RICHTIG SICHER WAR SIE NICHT.
VIELLEICHT SO UNSICHER WIE ICH?

VIEL SPÄTER FAND ICH DIESES ETWAS.
IRGENDWO WAR ES VERSTECKT.
SOFORT VIEL MIR MIT REUE EIN
DASS ICH DICH HATTE IM VERDACHT
MIR DIESES KLEINE HAST GENOMMEN.

AUCH WENN DU MEINEN VERDACHT NIE
WUSSTEST,
JETZT SOLLTEST DU'S ERFAHREN.
AUCH MEINE REUE,

ICH BITTE DICH, MIR ZU VERZEIH' N.
NIMM ALS GESCHENK VON MIR
DIES KLEINE -
ALS MEINE OPFERGABE.

Zu spät

Wie schlimm für dich,
dass deine Mutter sich
das Bein gebrochen.
Tagtäglich bist du unterwegs
sie ständig zu besuchen.
Ob sie es wohl schafft,
die Operation gut zu überstehen?
Sie ist schon alt,
fühlt sich so manchmal schon
mehr tot als noch lebendig.

Hier hören die Sorgen noch
nicht auf.
Kannst dir noch keine Ruhe
gönnen.
Die Tochter hat einen dicken
Bauch.

Gottlob, es ist ein Kind.
Es geht ihr gut, sie ist wohlauf.
Doch gerade jetzt?
Es lässt dir keine Ruhe.
Sie geht aufs Ende
ihrer Schwangerschaft zu.

Bedauern tust du zwischendurch,
keine Zeit für dich zu haben.
Du pendelst ständig hin und her.
Mal der Besuch im Krankenhaus,
dann bei der Tochter noch im Haus.
Für diese da zu sein
ist dir sehr wichtig.
Die Zeit für dich ist dadurch
nichtig.
Verbrauchst dich so,
weil du es willst.

Geschafft hast du es -
Gott sei es gedankt -
die Mutter zu versorgen.
Nimmst deiner Tochter ab die
Sorgen.
Arbeitest bis tief in die Nacht.
Ein manches Mal bis in den
Morgen.
Hast keine Zeit für dich allein.
Siehst wie dein eigener
Schatten aus.
Die Zeit ist gekommen,
was zu verändern.
Tu endlich was für dich!
Mach eine Pause,
mach eine Wende.

Endlich hast du es geschafft.
Die Mutter ist wieder wohlauf.
Die Tochter hat das Kind

endlich zur Welt gebracht.
Alles geht jetzt seinen Lauf.
Fühlst dich nicht mehr gebraucht.
Was machst du jetzt mit
deiner Zeit?
Lastest dir neue Sorgen auf.

Lässt dich bedauern,
weil du nicht mehr gebraucht.
Fühlst dich großartig in
deinem Erbarmen.
Hilfst allen andern in der Not.
So zu leben ist nicht gut.
Weichst somit deinem
Schicksal aus.
Lebst nicht dich,
sondern die andern.
Wunderst du dich,
wenn eine Krankheit entsteht
daraus?

Krank bist du und alt geworden.
Niemand ist jetzt für dich da,
um liebend auch für dich zu sorgen.
Die Mutter ist schon lange tot.
Die Tochter ist rundum beschäftigt.
Die Enkelkinder haben keine Zeit
dich zu besuchen, denn du bist alt.
Fühlst dich von Gott und
aller Welt verlassen.
Bist deines Lebens nicht mehr froh.

Ein Leben lang, das ist dir klar,
hast du dich aufgeopfert.
Du hast gehofft,
wenn du mal alt,
sind auch die Kinder für dich da.
Es wird an dir getan,
wie du es ihnen vorgemacht.
Niemand ist jetzt für dich da.
Du bist in einem Altenheim.

Legst keinen Wert mehr drauf
krank und alt zu sein,
oder noch zu leben.

Hast jetzt viel Zeit
dein Leben zu überdenken.
Und wie ein Schimmer am
Horizont
dämmert dir langsam die
Erkenntnis:
du hast dein Leben nicht gelebt.
Dein Leben blieb auf der Strecke.
Deine Erwartungen wurden nicht
erfüllt.
So bist du bitter und voller Frust
am Leben aufopfernd vorbei
gegangen.
Es ist zu spät, du kannst es nicht
mehr ändern.

Das kann doch nicht
das Leben sein,
nur da zu sein für die andern.
Du lebst dein Leben ganz allein.
Du hast es nicht verstanden,
dass du zuerst für dich
da sein musst,
bevor du da sein kannst für
andere.
Das allein wäre der Sinn deines
Lebens.
Es ist zu spät.
Du hast am Leben vorbei gelebt.

Begegnung

Mein Geisteswesen, bist du es?
Wie lange war der Weg?
dich zu suchen bin ich gegangen.
Jetzt endlich ist es so weit.
Nun bin ich dir begegnet.

Das Hin und Her hat nun ein Ende,
habe zu mir und dir gefunden.
Zuerst hab' ich nach dir gesucht.
Dann hab ich Geduld geübt.
Nun bin ich dir begegnet.

Den letzten Schliff zu geben
bist du mir ausgesucht.
Machst mir mit deinem Wesen
Unklarheiten noch bewusst.
Nun bin ich dir begegnet.

Ganz still und ruhig übe ich
was du mir aufgetragen,
um das, was ich von dir gelernt,
an mir und andere zu vollbringen.
Nun bin ich dir begegnet.

SCHICKSAL ICH DANKE DIR!

Der Weg zur Mitte

Fast glaubte ich schon,
es kann nicht mehr passieren,
dass man mir Energien raubt.
Erst als ich unglücklich war
und noch dazu auch krank geworden,
da wusste ich,
dass ich's noch lernen musste -
richtig zu reagieren.

Die Mauer, die ich aufgebaut,
verbrauchte einen großen Teil der Kraft
um mich davor zu schützen,
dass jemand meine Energien rafft.

Die Regenerierung war viel zu kurz,
um meinen Bedarf an Energie zu füllen.
Mein Speicher war ganz aufgebraucht,
war vorher übervoll und reichlich.

Akut und drängend kam der Tag
an dem ich mich entscheiden musste.
Krankheiten haben mich geplagt,
fühlte mich unterdrückt und gefrustet.

Frei sein wollte ich jetzt werden,
um wieder gesund und stark zu sein.
Ich sah es auch auf einmal ein.
Doch dazu musste ich alleine sein.

Und eines Tages traf ich dann
für mich die richtige Entscheidung.
Wollte meine Kraft nicht mehr vergeuden.
Will tun und lassen was ich will,
ob richtig oder falsch.
Wollte erleben - auch erleiden,
wenn es nicht anders ging,
es zu vermeiden.

Will nicht verletzen durch mein sein.
Konnte nicht leben, wie von mir gedacht.
Jetzt habe ich mich für mich allein
auf meinen eigenen Weg gemacht.
Bin froh darüber den Schritt zu wagen,
ein neues Leben anzufangen.

Zu trennen, auch wenn's Lasten waren,
das fiel mir ziemlich schwer,
da es gewohnte und vertraute
Dinge waren.
Erleichtert und mit Bangen

ließ ich die Lasten los.
Habe keine mehr, fühle mich famos.

Mit Freude gehe ich meinen Weg,
auch wenn die Zukunft ist nicht klar.
Will nicht das Elend, des anderen Plage,
nehme deren Schmerz auch nicht mehr wahr.

Vergangen sind schon viele Wochen.
Fühle mich nicht mehr verloren.
Mein Leben ist jetzt neu geordnet.
Bin glücklich, bin wie neu geboren.

Hab Krankheiten überwunden.
Jetzt bin ich stark und energiegeladen.
Inzwischen habe ich gelernt,
die Kräfte richtig einzuteilen.
Gebe nur noch ab, bewusst und klar,
gebe nichts ab von meinem Potential.

Halte Distanz, gehe in mich,
zieh' mich zurück und tanke auf.
Lebe mein Leben ganz für mich.
Muss Niemanden bitten und verzeihen.
Verletze niemanden,

weil der Abstand groß.
Lass' meine Vergangenheit
und auch die Zukunft los.

Lebe im Jetzt, im Augenblick.
Ich weiß ganz sicher:
In das gelebte Leben wollte ich
nie mehr zurück.
Bin glücklich und voll Harmonie.

Kann meine Aufmerksamkeit den
wichtigen Dingen widmen.
Kann Helfer, Priester, Weiser sein.
Fühle in mir die Vollkommenheit
und bin dadurch nie mehr allein.

Mit Lust und Freude kann ich jetzt
meine Kraft und Energie verteilen.
Fühl mich in meiner Mitte.
Bin universell mit allem verbunden,
wie die Sonne, Mond und Sterne.
Beginne jetzt innerlich zu strahlen.

Der Weg der Harmonie

Ungläubig hast du mich angeschaut,
als ich dir den Weg der Harmonie
hab beschrieben.
Konntest mich nicht verstehen und
dachtest:
So kann man doch nicht leben.

Kein Hoch und Tief der Gefühle mehr,
keine Emotionen solltest du mehr haben.
Man muss dem Tod näher als dem Leben
sein – langweilig.
So kann auf keinen Fall der Sinn des
Lebens sein.

Ich schaute zu, den Hochs und Tiefs,
sah wie du glücklich warst durch andere.
Stand da, erlebte dein tiefstes Tief.
Deine Verzweiflung nahm fast kein Ende.

Ich tröstete dich, beruhigte dich,
erklärte dir nochmals den Weg.
Ganz langsam fingst du an,
deine Launen zu verstehen.

Es ging ganz gut die nächste Zeit.
Warst ausgeglichen jetzt und heiter.
Fühltest dich wohl in deiner Haut.
Dachtest auch:
Ich bin mit mir ein großes Stück weiter.

Ein neuer Tag kam, neues Glück.
Es wurde von außen dir gebracht.
Warfst alles,
was du gelernt und gemacht
einfach über Bord,
hast nicht mehr nachgedacht.

Und wieder begann ein neues Spiel,
dem alten gleich, sehr intensiv.
Schienst auch nichts mehr zu vermissen.
Bist abgängig vom Glück,
dass andere dir gebracht.

Das Auf und Ab, das kann's nicht sein.
Die Reaktion des Körpers
ist für den Menschen immer gleich,
ob er oben ist oder unten.
Denn er entscheidet sich ganz allein.

Ich bin noch gleich, bin ausgeglichen,
fröhlich und heiter.
Bin tief drin in meiner Mitte,
lerne tagtäglich für mich weiter.
Habe keine Hochs mehr und keine Tiefs.
Bin glücklich und geh' weiter.

Wie hast du mich so oft beneidet
für meinen Gleichmut und Geduld.
Nichts kann mich aus meiner Ruhe bringen.
Bin voller Energie geladen
und fühle mich einfach ganz rund.

Im Laufe der Jahre erlebtest du dann
wechselnde Zeiten – einst so wie ich.
Ich wünsche Dir, dass du ruhig wirst
und auch wie ich mal so heiter,
um deine Mitte zu finden,
entwickle du dich weiter.

Dreh dich nicht um, geh nicht zurück
und geh auf deinem Wege weiter!

Wunschkind

Fast war es schon zu spät.
Dann hattest du dich doch noch
- nach langem hin und her -
dafür entschieden: Ein Kind.
Du wolltest es auch lieben.

Der Umstand trat dann ein,
so sehr wie du erhofft.
Du fühltest es erst zart und sacht,
viel später dann mit aller Macht
die kräftigen Bewegungen.

Der Bauch war nicht mehr zu
verbergen.
Du ließest dir deine Freude nicht
verderben.
Du freutest dich auf dieses Kind.
Bedenken schlugst du in den Wind.

Du fühltest dich stabil und gut.
Das sah man dir auch an.
Bist weicher, fraulicher geworden.
Hast dich verändert auf deine Art.

Du sprachst mit deinem Kind,
zeigtest die Freude innerlich.
Massiertest liebevoll den Bauch.
Du hast dein Glück genossen
und ruhtest aus.
Du wusstest auch -
es gab jetzt kein Zurück.

Bei allem was du jetzt auch tust,
du musst das Kind auch pflegen.
Auch ist zu überlegen,
ihm alles richtig vorzuleben.

Hast die Erziehung dir leicht vorgestellt.
Es ist nicht leicht, Vorbild zu sein.
Doch nur durch bewusstes,
überlegtes Tun und Handeln
lernt ihr Beide es - ganz allein.

Ihr gebt und nehmt was ihr bekommt,
seid voller Glück und Freude.
Und seid euch immer stets bewusst,
dass so eine Liebe nicht
selbstverständlich ist.

Wahre Liebe

Wie oft schon habe ich gehört
von dir und allen andern:
Er liebt mich ja so sehr.
Er tut es für mich, für keinen andern.
Das muss doch wahre Liebe sein.

Er ist für dich da, für dich ganz allein.
Liest jeden Wunsch dir von den Augen.
Fühlst dich bei ihm geborgen.
Du tust alles, was möglich ist,
um diesen Zustand zu erhalten.

Nach einiger Zeit stellst du dann fest,
dass nichts mehr ist, wie es einst war.
Ihr beide habt euch sehr verändert.
Vorbei vergangene verliebte Jahre.

So langsam wird euch beiden klar,
dass es nur ein verliebt sein war.

Denn wahre Liebe ist es nicht,
zu sehr seid ihr entfremdet.
Habt von der Liebe euch abgewendet.

Im Laufe der Jahre merktet ihr schon,
dass, wenn verliebt, ist es sehr schön.
Doch reicht es nicht für die Entscheidung,
ob man wirklich diesen Partner will.
Liebe und Achtung ist wichtig für beide.

Nicht jeden Wunsch dem anderen erfüllen.
Auch für dich selbst musst du da sein.
Losgelöst mit Respekt und Achtung.
In Freundschaft miteinander leben.
Ein ewiges liebendes Nehmen und Geben.
Denn nur wenn wirklich und wahr geliebt,
gemeinsam das Leben lebenswert ist.

Du bist stumm

Du willst nicht sehen,
was du nicht sehen willst,
sagen, was du nicht sagen willst,
fühlen, was du nicht fühlen willst,
hören, was du nicht hören willst,
denn du bist stumm.

Du willst nicht verstehen,
was du nicht verstehen willst,
verzeihen, was du nicht verzeihen willst,
opfern, was du nicht opfern willst,
lieben, was du nicht lieben willst,
denn du bist stumm.

Sehe, sage, fühle, höre,
verstehe, verzeihe, opfere, liebe.
Teile mit ohne Erwartung,
ohne Anspruch, selbstlos,
denn dann bist du. Du liebst.

69

Neubeginn

Der Start ins neue Leben hat begonnen
um einen Schritt vor dem anderen zu gehen.
Du hast das Leben jetzt gewonnen,
brauchst nur noch nach vorn zu sehen.

Zurück liegen Kummer, Sorgen, Gefangensein.
Hinter Dir liegt die Vergangenheit.
Dein Blick nach vorn gerichtet jetzt,
hast Du für Dich die Zukunft so besetzt.

Das, was Dir lieb ist pflegst du sehr,
hast Dir Dein Paradies geschaffen.

Du willst es so, Du bist nicht leer,
willst nicht nur schaffen und auch raffen.

Lang dauerte es bis Du so weit,
zu wissen was Du willst in aller Zeit.
Endlich hast Du es gefunden,
kannst jetzt Dein Leben so abrunden.

GNADE

GELIEBT BIST DU VON UNS GEGANGEN.
ES FIEL DIR NICHT MEHR ALLZU SCHWER.
DEN KAMPF, DEN DU GEFÜHRT,
ES WAR DER TODESKAMPF NICHT MEHR.
ES WAR DEIN KÖRPER, DER
GESCHMERZT.

LIEẞEST NOCH EINMAL SANFT
GANZ FEST DICH IN DIE ARME SCHLIEẞEN.
HIELTEST FEST NOCH EINE HAND,
UM INS JENSEITS HIN ZU FLIEẞEN.
DEN ZUSTAND DU NICHT BEUNRUHIGEND
FANDST.

VIEL SCHNELLER NOCH ALS DU GEBOREN
GINGST DU ZU EINEM ANDEREN SEIN.
FRIEDVOLL SIND DEINE AUGEN
GESCHLOSSEN,
ENTSPANNT, NOCH WARM UND OHNE
PEIN.

EIN ROSIGER HAUCH NOCH DEINE
WANGEN STREIFT.

NUN LIEGST DU DA, STILL AUFGEBAHRT.
HAST ALLES LOSGELASSEN,
BIST LOSGELÖST VON ALLEM.
DIE GESICHTSZÜGE HABEN SICH
ENTSPANNT.
NICHTS PLAGT DICH MEHR.
DEINE SORGEN UND DER SCHMERZ
SIND NUN IN EWIGKEIT VERBANNT.

Glückskind

Hört her ihr Freunde,
groß und klein, alt und jung,
was ich euch zu sagen habe:
Ein Glückskind bin ich,
so soll es sein,
habe den Mut, es euch zu sagen.

Das Leid ist vorbei,
da niemals stehen blieb die Zeit.
Ich brauchte das Hoch,
und das Tief brauchte ich auch.
Das war für mich ein Glück.

Bin dankbar dafür.
Jeden Moment ist es mir klar
dass ich vertraue, nicht verzag,
und muss dann den Mut auch fassen.

Das Glück, dass sich mir bot,
half mir dann raus aus meiner Not.

Bin dankbar meinen Eltern.
Schon sie waren ein Glück für mich.
Dass sie mir alles gaben,
was für sie möglich war.
Oft wollte ich es nicht,
weil ich es nicht so sah.
Sie sahen zu, wie mir geschah.

War jung, verliebt, sah rosarot,
die Welt mit meinen Augen.
Sie war nicht so, das merkte ich wohl.
Ein Glück für mich, es ging vorbei.

Zu meinem Glück gesellte sich
ein kleines Töchterlein.
Sie war das Glück für sich allein.
Glücklich sollte auch ihr Leben sein.

Das Glück war weiterhin mir hold.
Das Leben ging bergab, bergauf.
Die Ehebande neu geknüpft
gingen wir zu dritt gewollt.

Dass ich Geschwister habe,
empfand ich nicht als Glück.
Im Laufe meines Lebens
— ich sah sehr oft zurück —
sah ich es etwas anders.
Rückblickend war es doch sehr schön.

Im Laufe vieler Jahre dann,
mein Rücken wurde stark und breit.
Doch nicht die Lasten waren es,
es war der Zahn der Zeit.
Glücklich bin ich,
dass meine Vergangenheit vorbei.

Und ihr meine Freunde,
was habe ich für ein Glück;
seid für mich da, wie ich für euch.
Gegebenes Glück kommt unendlich zurück.

Wunder in dir

Das Wichtigste im Leben ist,
dass weiß ich ganz genau,
ist mit sich innerlich einig
zu sein,
egal was du bist, Mann oder Frau.

Es tun sich andere Welten auf,
wie du sie nie erträumtest.
Die Realität verändert sich,
weißt jetzt,
was du bisher versäumtest.

Gehst auf den andern offen zu,
hast nichts mehr zu verbergen.
Lässt ein und durch, bist universell.
Nichts, aber auch gar nichts mehr
kann dich verletzen.

Siehst Dinge, die du nie gesehen.
Empfindest tief wie nie zuvor.
Fühlst dich so gut,
fast wie besoffen,

als hättest du einen Zaubertrank
ganz tief in dir genossen.

Bestaunst die Welt,
die du jetzt siehst.
Die Dimensionen sind ganz anders.
Erlebst reell und auch ganz klar
die Elemente:
Luft und Erde, Feuer, Wasser.

Die Zeit vergeht,
du merkst es nicht.
Sie rinnt an dir vorbei geschwind.
Merkst keinen Abrieb und Verschleiß.
Es fließt vorbei der Strom
der Zeit.
Du lebst im Jetzt und in
der Ewigkeit.

Du fühlst, du hast es in dir drin,
bist draußen und auch mittendrin.
Es ist in dir, besteht daraus,
wie du bestehst, du hältst es aus.

Kannst alles lenken,
weil du es lässt.
Gehst mit dem Wind, dem Sturm.
Ziehst mit den Wolken himmelwärts,
bist frei und grenzenlos.
Das Feuer flackert nicht, es brennt
zur Freude deines Seins.
Es ist ein Teil vom Feuer,
es ist ein Teil deines Seins.
Als Wasser strömst und fließest du,
durch alle Zeit dahin.
Fühlst jeden Fall und Hindernis,
du strömest drum herum.
Nichts hält dich auf,
wird alles gleich.
Du spürst den Pulsschlag dieser
Erde.
Es ist dein Schlag,
den du erfühlst.
Erkennend stellst du staunend fest:

Das Universum pulsiert auch.
Es ist in dir, du bist es auch.
In dieser universellen Verbundenheit
kannst du jetzt bis in alle
Ewigkeit
die Energien in dir spüren.
Dich leiten, lenken und auch führen.
Das Wunder, das sich auftetan,
nun ständig wirkt und lebt.
Du bist ein Teil und kannst
es nun,
mithelfend auch für andere tun.
Bist lange schon am Ziel der Reise.
Wirst es im Jetzt immer sein.
Denn das Ziel ist nicht das Weite.
Es ist in dir, war immer da,
man musste es nur sein.

50 Jahre

Endlich, endlich bin ich es.
Was ist passiert?
Man glaubt es kaum.
Der Tag war wie ein anderer.

Jetzt bin ich 50, das ist klar.
Es ist nur in der Zeit eine Zahl.
Unbedeutend und ganz klein,
verglichen an der Ewigkeit.

Wie fühlst du dich?
So wurde ich gefragt.
Genau wie gestern
habe ich gesagt.

Die Zeit ist verschwunden,
ich hatte es nicht bedacht.
Fühle nicht alt, fühle mich jung,
Fühl nicht mal 50 Jahre.

Und vor mir liegt die Ewigkeit.
Freue mich schon sehr darauf.
Mit jedem Atemzug in der Zeit,
freue ich mich auf die Unendlichkeit.

Ich bin so jung.

Selbstlos

Fühlst dich ganz groß und
bist auch sehr gefällig.
Hilfst wo du kannst in jeder Not.
Doch eines nur steht für dich fest:
Selbstlos, so geht es nicht.
Für dich hat Liebe einen Preis.

Nie hast du je erfahren,
nie hattest du daran gedacht,
dass selbstlos helfen Freude macht,
dir auch die Freude gibt.
Da zu sein für andere,
zu helfen in ihrer Not.

Für dich in deinem Leben,
wird gerechnet hin und her.

Gibst du, so soll es dir vergelten,
die Währung ist stets materiell.
Selbstlos, so geht es nicht.
Für Dich hat Liebe einen Preis.

Schade ist, dass du nicht weißt
was Liebe ist,
denn Liebe hat keinen Preis.

Hauch der Vergangenheit

Wie schön es ist,
dass du jetzt hier,
gekommen in die Gegenwart
aus längst vergangener Zeit.
So kurz war sie und doch
Unendlichkeit.

Wir kamen uns ganz nahe
und waren sehr vertraut.
Dann wieder weit getrennt entfernt
wie eine Ewigkeit.

Dein Leben lief ganz einfach so.
Mein Leben, das lief anders.
Was dich nicht berührte, bewegte mich.
Ganz andere Dinge waren es.
Unsere Leben entwickelten sich
auseinander.

Von jeher fandst du mich schon
so animalisch ausstrahlend auf dich.
Wie einst vor vielen Jahrzehnten;
doch ich empfand es anders – nicht so.
Bin frei von animalischen Fron.

Du kannst nicht verstehen,
dass ich so bin,
war ich doch damals anders.
Was ist geschehen?
Bin frei von allen Zwängen.
Hab kein Bedürfnis, keine Lust.
Vorbei ist jegliche Art von Frust.

Es ist noch schön, dir nah zu sein.
Doch halte ein bisschen Abstand ein.
Nicht ganz so nah an mich heran.
Damit ich dich nicht zurückweisen
kann.
Ich will dich nicht verletzen.

Verstehst du es, was ich nur will?
Will lieben dich erwartungslos.
Will nicht gezwungen sein zum muss.
Will mich nur freuen, dass du da.
Du hattest dich an mich erinnert.

Willst du mein Freund in der
Zukunft sein,
all die noch kommenden Jahre.
Auch wenn du manches nicht
verstehst.
Es ist so schön,
wieder mit dir vertraut zu sein.
So kurz und doch eine Ewigkeit,

Ein Hauch aus der Vergangenheit.

Mikrokosmos - Makrokosmos

Heute sehe ich dich, du Welt,
mit anderen Augen an,
wie ich es je zuvor getan.
Vereint in mir bist du.

Das Kleinste sehe ich ganz genau.
So winzig ist die Welt.
Zum hellen Sonnenstrahle
der dunkle Schatten sich gesellt.

Du Makrokosmus -
ewige Unendlichkeit
habe dich lang und tief in mir.
Deine Weite schon erfasst
staunend und auch strahlend.

Jetzt kommt der Mikrokosmos
genauso wahr, unendlich gross,
ganz tief in mir.
Komm ich der Wahrheit nahe.

Harmonisch bin ich nun vereint
mit Mikro und dem Makro.
In mir ist die Unendlichkeit,
und immerwaehrende Glueckseligkeit.

Der Bogenschütze

Der Schütze steht in Richtung Ziel
mit leicht gespreiztem Bein.
Und tief in sich gekehrt
schließt er die Augen konzentriert.
Er steht in seiner Mitte.

Die linke Hand den Bogen hält
ganz ruhig aufgerichtet.
Die rechte Hand den Pfeil legt auf.
Des Schützes Atmung geht ganz ruhig.
Er atmet ein, dann wieder aus.

Und wieder atmet er ganz tief.
Die linke Hand den Bogen hebt,
rechts ist der Pfeil gespannt.
Er zieht den Bogen ganz weit aus.
Er atmet aus und zielt.

Der Bogenarm ist vorgestreckt
gerichtet auf das Ziel.
Der Sehnenarm die Sehne dehnt

direkt bis an das Kinn.
Er hält auch seine Wange hin.

Ganz weit ist nun die Sehne fest,
gespannt im weiten Bogen.
Und mit dem Auge das Ziel erfasst,
wird der Sehnenschatten angemaßt,
die Sehne richtig straff gezogen.

Ein kurzer Zug,
der Pfeil schießt fort,
bringt sich ins Ziel und trifft.
Die Bogenhand hat losgelassen.
Die Sehne schnellt zurück.

Sekunden noch der Bogen steht,
fällt dann erschöpft hinab.
Der Schütze atmet wieder tief.
Er legt den nächsten Pfeil dann auf.
Das Ziel wird neu erfasst.

NATURGEWALTEN

Wie wunderbar ist das Leben
der Natur.
Es gibt Katastrophen und
auch Leid.
Untergang und Neugeburt,
der ewige Wandel in der Zeit.
Freuden und Leid
im Rad der Ewigkeit.

Die Natur ist ständig dran
sich zu verändern,
von Ruhe und Sturm zur
Ausgeglichenheit,
von Sturz und Katastrophen
durchwandert.
Empfindet nicht gut oder
böse dabei.
Ist nur Natur, so wie sie sei.

Wir Menschen denken,
sehen es anders und

FINDEN KATASTROPHEN SCHLIMM.
WIR KÖNNEN ES NICHT
AKZEPTIEREN,
DASS NUR WIR EINSEITIG ES SEHEN
UND NICHT WIE DIE
NATURGEWALTEN -
LOSGELÖST VON UNSEREM DENKEN.

EIN TOD BEDEUTET GAR NICHTS
IM REIGEN DER NATUR.
HEUTE IST ES SO UND MORGEN
ANDERS.
ES WAR SCHON IMMER SO.
NUR DER MENSCH —
SO UNWICHTIG UND KLEIN,
WILL IMMER DER LENKER,
DER GÖTTLICHE SEIN.

REALITÄT

ICH KAM ZU DIR,
ES WAR SCHON SPÄT,
WARST GERADE DABEI
DICH HIN UND HER ZU DREHEN.
DU WOLLTEST DIE REALITÄT
NICHT SEHEN.

DU WOLLTEST EINE WELT
HEIL UND GANZ SOLLTE SIE SEIN.
SO WIE DU GEDACHT UND DENKST,
SOLLTE DAS SCHICKSAL SEIN.
ÜBTEST AUS DEINE MACHT.

DASS DEIN KIND ANDERS WAR,
ALS DU ES FÜR RICHTIG FANDST,
WAR FÜR DICH EIN MAKEL:
DU HAST DEIN KIND DAFÜR VERBANNT.
WOLLTEST DEN SCHEITERHAUFEN HABEN.

NUR SO WIE DU DENKST SO SOLLTE
ES SEIN.
WOLLTEST DIE ORDNUNG UND DEN
SCHEIN.

**KEINE WAHRHEIT SOLLTE SIEGEN.
DU WOLLTEST SIE, DIE LÜGEN.
WOLLTEST EINE WELT IM SCHEIN.**

**WAS IST MIT DIR,
WAS HAST DU DICH ERDREISTET,
DICH EINZUMISCHEN IMMERZU
IN DEINES KINDES LEBEN?
LASS ENDLICH SEINE ENTSCHEIDUNG ZU,
DIE TRIFFT ES SELBST, LASS ES IN RUH.
FREUE DICH DARÜBER ALLE ZEIT.**

**DIE KINDER ALLE SIND NICHT DEIN,
SIE ALLE GEHÖREN NUR SICH SELBST.
DU HAST SIE NUR GEBOREN.
RATE IHNEN GUT, RATE NICHT AB,
WENN SIE UM RAT DICH FRAGEN.**

**DENKE NICHT,
WENN SIE NICHT SIND WIE DU
UND ANDERS SICH ENTSCHEIDEN,
DASS DU DICH SCHÄMEN MUSST FÜR SIE,
DU MUSST NICHT FÜR SIE LEIDEN.**

SIE HABEN HERZ, TROTZ ALLEDEM,
SIND NICHT AUS STEIN UND DRECK.
SIEH DICH DOCH AN, WAS WÄREST DU?
WIRD DRECK DOCH NUR AUS
DRECK GEBOREN.

LASS LEBEN, WIE DAS LEBEN IST,
LASS ALLES SEINEN LAUF.
NOCH EHE DU HINSCHAUST UND
BEMERKST,
HÖRT AUCH DEIN LEBEN AUF.

ALLE INTRIGEN UND MACHENSCHAFTEN,
SIND AUF EINMAL BEDEUTUNGSLOS.
ES MACHTE DEN KINDERN UND
DIR ZU SCHAFFEN.
LIEBE, ZIEHE DAS BESSERE LOS.
WERDE FREI UND SORGENLOS.

Schicksal

Wahrscheinlich habe ich
es nicht verstanden,
dass Schicksale erzaehlen
von Behinderungen,
Enttaeuschungen und Leid.
Viele Wege waren dafuer
bereit.

Wie wichtig,
glaubst du Mensch,
dein Schicksal wirklich ist?
Du bist so unwichtig und
klein.
Du solltest viel, viel
bescheidener sein.
Es ist dein Weg nur ganz
allein.

Es ist nicht so, dass
geteiltes Leid
nur halbes Leid bedeutet
und dass geteilte Freude
doppelt zaehlt.
Hast du den Kelch nicht
ausgekostet,
war er nicht voll genug
von Leid?
Wen interessiert es?
Denn er ist dein.

Und deine Freude,
als du dich hast
dem Selbstmitleid entzogen.
War sie doch dein,
weil nur du in dir geboren.
Nur an der Freude
anteilnehmend
es dir moeglich war zu

teilen.
Als Ganzes war es mehr gewesen.

Sein eigene Schicksal hat
der Mensch
ein Leben lang zu tragen.
Wie schoen es wird und wunderbar
nachdem du Leid musstest erfahren.
Mit reifen und ganz anderen Augen
betrachtest du dann
die Gefahren dieser Welt.

Egal wie du geboren wurdest und
deinem gelebten Leid.
Du allein kannst deinem Schicksal dann

auch eine Bedeutung geben.
Und nicht vergessen:
Universell gesehen
sind wir nichtig und klein.

Wenn du nicht gut drauf
bist
weil Kummer dich plagt,
aergere dich nicht
weil Verstaendnis
versagt.
Denke immer daran,
dass du an deinem
Schicksal nicht verzagst.
Habe den Mut dich zu
veraendern.
Sei gluecklich und voll
Freude jeden Tag.

Schlafstörungen

Der Körper wälzt sich hin und her.
Dein Geist beruhigt sich nicht mehr.
Anstrengend war für dich der Tag.
Es war ganz viel, was du nicht magst.
Nach all den vielen Dingen
atmest du jetzt ein und aus.
Lässt noch nicht los - es dauert noch.
Fällst nach der Anstrengung
in ein tiefes Loch.
Jetzt wirst du langsam immer ruhiger.
Erholst dich von des Tages Müh.
Lass los den Tag,
damit du wieder Frieden findest.
Die Nacht kommt ganz bestimmt.
Ein Licht voll Energie soll dich ummanteln.
Dann bist du frisch, ausgeruht und munter,
am anderen Morgen,
energiegeladen und ohne Sorgen.

Erinnerung

Lang, lang ist es her,
weit liegt es schon zurück,
es gehört nicht mehr zu mir,
ist in eine andere Zeit verrückt.
Einst war es mal mein Leben.

Alles ist wie ausgelöscht.
Erinnerte mich nur daran
weil ich das Buch hab aufgeschlagen.
Dort war mein Weg beschrieben,
den ich bin einst gegangen.

Bedeutungslos geworden ist,
als ich dich habe fest umschlungen,
mich fest an deinen Körper drückte,
um mich an dich zu binden.

Jede Gelegenheit zu nutzen,
jeden Augenblick zu stehlen,
Zärtlichkeiten auszutauschen,
fühlen war mein ganzes Leben.

Ging es dir gut, war ich beglückt.
Ging es dir schlecht, war ich verrückt.
Gefühle gingen auf und nieder.
Harmonie wo bist du –
komm doch wieder.

Wie fertig hat es mich gemacht,
das hin und her und auf und ab.
Beglückend war es zeitenweise,
gefesselt war ich gnadenlos.

Denk nach Jahren noch zurück,
bin voller Harmonie und reifer.
Jetzt muss ich lächeln,

verstehend und still,
war noch ein Kind, so jung und dumm.
Jetzt ist es nur bedeutungslose
Erinnerung.

Habe kein Verlangen mehr,
Erinnerungen zu beleben.
Es ist nur noch ein Buch,
das einmal geschrieben.
Hab Dank!
Es ist aus und schon lange vorbei,
denn jetzt bin ich frei.
Lebe mein Leben in Frieden.

Lebenskampf

Warum quälst du dich denn
so sehr.
Manches Mal könnte man
denken,
Die Qual erscheint dir nicht
so schwer,
weil du nicht vorwärts gehen
willst.
Willst deine Zukunft so nicht
leben.
Du tust auch nichts dagegen.

Was du nicht sehen willst,
das siehst du nicht.
Auch auf dich hören tust
du nicht.
Erst recht nicht handeln,
das willst du nicht.
So richtig leben,
das kennst du nicht.
Dann sterbe lieber und
quäle dich nicht.

Nimmst den ganzen Schmerz
in Kauf.
Wütend bist du auch.
Willst dein Schicksal neu
verhandeln.
Nur wenn du es tust,
dann wird es anders.
Ein kleines Stück Weg -
wie lange noch?
Ein bisschen weiter wird es
noch gehen
bevor der Hoffnungsschimmer
ganz verweht.

Was bleibt ist
Hoffnungslosigkeit.
Verständnislosigkeit macht
sich noch breit.
Das letzte Stück des Weges,
du jetzt zu Ende gehen willst.
Es war nicht schön dein Leben.
Kannst leichten Herzens
gehen.

Regelst und ordnest,
weist noch an,
Was nach deinem Tod ist noch

zu tun.
Du weisst, Du kannst dann ganz beruhigt sein
und auch in Frieden ruhen.
Endlich hast du es vollbracht.
Hast dich auf die letzte Reise gemacht.

Ein letzter Glanz lässt dich erstrahlen.
Dein Leben ist gelebt.
Vorbei sind alle deine Qualen.
Jetzt willst du vorwärts streben.
Vorbei das wechselhafte Leben.
Ruhe und Stille ist eingekehrt.
Gelöst machst du die Augen zu.

Es war ganz schwer und mühselig so zu leben.
Ein einziger Kampf war es für dich gewesen.
Nun hast du endlich deine Ruh!

www.ingramcontent.com/pod-product-compliance
Lightning Source LLC
Chambersburg PA
CBHW050839160426
43192CB00011B/2090